AF231612

A PROPOS DE L'ÉDUCATION

DES

ENFANTS ARRIÉRÉS

Par le Dr WAHL,

Médecin adjoint des asiles d'aliénés.

(Extrait des *Archives de Neurologie*, 1900, n° 60.)

I

Le XX° Congrès de la Ligue de l'Enseignement, tenu à la Sorbonne du 9 au 12 juillet 1900, a émis les vœux suivants :

1° Que la loi du 30 juin 1838 sur les aliénés soit revisée dans le plus bref délai possible en adoptant l'obligation de l'assistance et de l'éducation des enfants idiots, arriérés, épileptiques, etc. ;

2° Qu'il soit fait un recensement spécial de tous les enfants anormaux ;

3° Qu'il soit créé pour les recevoir, un certain nombre d'établissements régionaux, soit autonomes, soit annexés aux asiles d'aliénés départementaux et qu'il soit pourvu à leurs frais au moyen d'un prélèvement opéré sur les fonds du pari mutuel ;

4° Que la direction et l'inspection de ces écoles soit réservée au personnel enseignant avec la collaboration médicale en ce qui concerne les idiots et les arriérés ;

5° Qu'il soit créé un diplôme spécial pour cet enseignement, que ce diplôme soit délivré par un jury comprenant au moins un professeur spécialiste, que les différentes méthodes employées soient vulgarisées au moyen de livres spéciaux que pourront consulter les candidats, les membres du jury, les inspecteurs et que chaque établissement pour enfants anormaux, rédige annuellement sa monographie où seront consignées les améliorations apportées aux méthodes et les essais suivis ou non de réussite ;

6° Qu'il soit créé dans chaque département un internat ou école d'apprentissage pour les jeunes vagabonds et pour les élèves indisciplinés des écoles primaires (les élèves incorrigibles des écoles seront séparés des jeunes vagabonds et occuperont dans les internats des bâtiments spéciaux).

C'est la première fois qu'en France, à notre connaissance, un tel vœu est émis par un Congrès. C'est à ceux qui ont créé dans notre pays l'éducation pédagogique des arriérés, à Itard, à Seguin, à M. Bourneville et à ses collaborateurs, à M. Blin que sont dus ces résultats. Espérons que nous verrons bientôt les pouvoirs publics exaucer de tels vœux !

Nous nous permettrons cependant de formuler d'abord quelques critiques générales à l'adresse du Congrès : on n'y a pas distingué, à tort suivant nous, l'idiot de l'imbécile. L'idiot est, suivant la définition célèbre qu'en a donnée Esquirol « un individu chez lequel les facultés intellectuelles ne se sont pas développées ». Donc, chez lui, absence complète d'intelligence, il est à ce point de vue inférieur aux animaux même, il n'a généralement même pas l'instinct de la conservation, et, s'il n'est pas toujours complètement privé de la faculté du langage articulé, il n'arrive que très tard à dire papa, maman et quelques autres mots très simples et ne dépasse jamais ce faible niveau. Un pareil être n'a rien à apprendre dans une école si élémentaire qu'elle puisse être. C'est dans un hospice qu'on doit le recueillir, lui apprendre à être propre, à marcher, à parler. Ceci est uniquement de la compétence d'infirmiers bien dressés, sous la direction d'un médecin et ne relève en rien de l'instituteur.

Tout au contraire l'imbécile « possède toutes les facultés intellectuelles à un degré rudimentaire » (J. Voisin), ses facultés peuvent êtres perverties, mais elles existent, on peut donc les développer, les redresser ; ici apparaît le rôle de l'instituteur. C'est donc à lui qu'on doit confier ces enfants, dans les conditions que nous discuterons plus loin, de même que c'est à lui qu'il appartient d'instruire et d'éduquer les enfants simplement arriérés, vicieux ou épileptiques que, en raison de leur état, on ne peut recevoir dans les écoles publiques ordinaires. Ceci posé, permettons-nous quelques critiques spéciales sur les différents vœux émis par le XX° Congrès :

1° Tout d'abord est-il indispensable que l'obligation de secourir, d'assister et d'instruire les enfants imbéciles, arriérés et épileptiques, soit régie par une loi sur les aliénés, qui reflète plus ou moins l'esprit de la loi du 30 juin 1838. Nous ne le pensons pas; l'obligation de l'instruction résulte, pour eux comme pour tous, de la loi du 28 mars 1882 sur l'instruction obligatoire, la seule lacune à combler est d'étendre le bénéfice de l'assistance à cette intéressante catégorie de malades et d'infirmes. La loi sur les aliénés, quelle qu'elle soit, cherchera toujours et surtout à sauvegarder la liberté individuelle et la fortune des malades ; ici nous avons affaire à des mineurs dont les biens sont en tous cas protégés, les parents ou à leur défaut les tuteurs ont des obligations très nettes définies par le Code civil et point n'est besoin, à ce point de vue, d'une législation nouvelle ni spéciale. Quant à la question de la liberté individuelle elle ne se pose pas davantage; les enfants élevés dans des maisons d'éducation pour arriérés (qui ne peuvent être évidemment que des internats), y seront soumis aux règles des établissements ordinaires d'instruction avec cette différence toutefois qu'il ne saurait y avoir de grandes vacances, mais seulement des congés très courts ; mais enfin là non plus une loi n'a pas à intervenir. C'est une maison d'éducation d'un genre spécial et voilà tout.

D'ailleurs, si pour les imbéciles et pour la majorité des arriérés on ne saurait refuser le certificat de placement dans un asile ; il serait certainement abusif de considérer comme aliénés tous les épileptiques sans distinction ; une pareille manière de voir ne répond ni à l'esprit de la loi sur les aliénés ni à la réalité des choses; beaucoup d'épileptiques, la majorité assurément, ne présentent pas de troubles mentaux. Que d'épileptiques ont tenu des places brillantes dans le monde et quelques-uns d'entre eux sont universellement considérés comme des grands hommes. D'ailleurs la gratuité dans les asiles d'aliénés n'est obligatoire que pour les gens qui y sont envoyés par l'autorité administrative : par placement d'office et ce mode de placement est réservé aux malades qui troublent l'ordre public et compromettent la sécurité des personnes, y compris la leur bien entendu. En général ce sont les familles qui demandent le placement d'un enfant arriéré dans une maison spéciale. Or, dans beaucoup de départements les placements faits à la demande des familles, ne sont accordés qu'à titre onéreux. C'est pour toutes ces raisons que nous ne croyons pas que l'obligation de l'éducation des enfants imbéciles, arriérés et épileptiques, puisse être considérée comme une conséquence de la loi sur le régime des aliénés. C'est une nouvelle loi à faire, loi sur l'éducation des enfants qui par leurs troubles ou leur faiblesse intellectuels ne peuvent trouver place dans les écoles publiques.

2° Sur le vœu n° 2 : Recensement des enfants anormaux, nous nous bornerons à signaler la difficulté d'une pareille œuvre et à poser la question comment et par qui sera fait ce recensement.

3°-4° Nous souhaitons, comme la Ligue de l'Enseignement, que l'on crée pour les arriérés des établissements spéciaux d'éducation, mais nous estimons que c'est à un médecin-versé dans l'étude des maladies mentales que doit en appartenir la direction ; nous ne saurions admettre en effet le vœu n° 4. L'état mental de ces enfants est un état pathologique ; c'est donc au médecin et au médecin seul qu'en appartient la thérapeutique. Ce n'est que sous sa direction que l'instituteur doit agir, et non pas comme le veut la Ligue de l'Enseignement, l'instituteur maître de l'établissement faisant appel quand il le juge utile, au médecin.

Tel qu'il est formulé, le vœu n° 4 est en contradiction formelle avec le vœu n° 3. Si on annexe l'école des arriérés à un établissement d'aliénés ; si même on fait des établissements autonomes d'enfants anormaux régis par la loi sur les aliénés il est impossible que la direction de l'éducation soit confiée aux instituteurs. Le médecin, en effet, dans ces établissements, a tout pouvoir et c'est à lui qu'incombe le soin de diriger l'éducation des malades qui fait partie du traitement moral. Tel est, suivant nous, ce qui doit être, mais pour les raisons que nous avons énumérées plus haut, nous croyons qu'il est indispensable de faire de la maison d'éducation des arriérés un établissement autonome, sous la direction d'un médecin aliéniste, mais non régi par la loi sur les aliénés.

5° Pour le vœu n° 5 nous ne pouvons que nous associer à la commission du Congrès et souhaiter que les méthodes qui donnent de bons résultats soient vulgarisées et que les échecs

même soient connus pour éviter qu'on ne retombe dans les mêmes erreurs.

6° Quant au vœu n° 6, nous ne voyons pas pourquoi on assimilerait les élèves indisciplinés des écoles primaires aux jeunes vagabonds ; et en effet, parmi ces derniers, les uns, ceux qui font des fugues plus ou moins prolongées sont comme les indisciplinés dont ils ne sont qu'une variété, des dégénérés que l'on doit soumettre au mode d'éducation que M. le Dr Thulié appelle l'orthophrénopédie et pour la description duquel nous renvoyons à l'intéressant ouvrage de l'auteur [1]. Les autres petits vagabonds sont ceux qui le sont devenus parce qu'ils sont orphelins, ou parce que leurs parents sont malades ou en prison, ou pour quelqu'autre motif analogue. Ces petits malheureux devraient être, dans les villes et dans les campagnes, remis, comme le fait l'Assistance publique de Paris au service des Enfants assistés, qui s'occupe d'eux en l'absence des parents et les rend à ceux-ci dès que les circonstances le permettent.   Dr WAHL.

II

La question d'assistance et d'éducation des enfants arriérés, a été soulevée bien avant le XXe Congrès de la Ligue de l'Enseignement. Dès 1879, M. le Dr Bourneville organisait à Bicêtre la section des enfants idiots et épileptiques, de même qu'en 1890 il organisait la Fondation Vallée, consacrée aux filles, et en 1893 l'Institut médico-pédagogique, consacré aux enfants arriérés et nerveux pour les familles aisées. Par de nombreuses publications, il a montré chaque année ce qu'on était en droit d'attendre d'un traitement approprié, et notamment au Congrès d'assistance publique tenu en 1894 à Lyon. Quant à la Ligue de l'Enseignement, ce n'est pas la première fois qu'elle s'occupe en Congrès de cette question.

A Rouen en 1896, à Rennes en 1898, elle a émis des vœux en faveur des enfants qu'avait laissés de côté la loi du 22 mars 1882, mais une fois les Congrès terminés, personne n'entendait plus parler de rien.

Il ne faut pas s'étonner si le XXe Congrès de la Ligue n'a

[1] Thulié. *Orthophrénopédie*. Paris, 1900. (Librairie du *Progrès médical*.) Voir aussi les 20 volumes des *Comptes rendus* de Bicêtre de M. Bourneville (1880-1900).

pas plus en 1900 qu'en 1896 et 1898, fait entre les dégénérés inférieurs de tout ordre, la distinction qu'aurait désirée le Dr Wahl. Il n'y avait pas de médecin, ne l'oublions pas[1]. D'ailleurs cette distinction entre l'idiot et l'imbécile peut-elle se faire en réalité? Je n'hésite pas à répondre non, au moins au point de vue pédagogique. Nous avons vu des idiots complets, ne parlant pas, ne marchant pas, se souillant continuellement, n'ayant en un mot qu'une vie végétative, s'améliorer sous l'influence du traitement médico-pédagogique et arriver à marcher, parler, être propre, lire, écrire et travailler utilement. Puisqu'il est impossible de diagnostiquer *a priori* l'incurabilité de l'idiot, pourquoi, de parti pris, laisser ce malheureux en dehors de ceux que l'on croit pouvoir tirer bénéfice du traitement.

Quant aux épileptiques, ceux que nous voudrions voir assimiler aux idiots et aux arriérés, sont ceux qui, par suite de la fréquence de leurs accès, de l'arriération de leur intelligence, de la violence de leurs impulsions constituent un danger pour les autres, comme pour eux-mêmes et ne peuvent être confondus avec les enfants normaux.

La loi du 30 juin 1838 doit, à notre sens, être revisée pour qu'elle ne considère plus simplement comme des aliénés à enfermer les enfants idiots, mais comme des malades, comme des enfants qui peuvent, dans la grande majorité des cas, tirer bénéfice d'un traitement médico-pédagogique. Le législateur devrait ordonner l'organisation dans chaque département d'*asiles-écoles* où les familles, et à leur défaut les communes, pourraient envoyer leurs malheureux idiots[2], qui bénéficieraient ainsi du devoir absolu qu'a l'Etat de pourvoir à l'instruction de *tous*.

Le nom que nous donnons à ces établissements spéciaux, nous dispense de dire combien il nous paraît nécessaire, ou plutôt logique, de confier à des médecins seuls, avec la collaboration pédagogique, la direction de ces établissements. Le

[1] Disons en passant combien est regrettable l'indifférence que professent en France, à l'égard des questions d'enseignement, la plupart des médecins.

[2] Sous la dénomination générale d'*idiots* nous comprenons tous les enfants qui présentent une arriération plus ou moins accentuée au point de vue intellectuel et moral, depuis l'idiot complet jusqu'à l'enfant qui présente une légère différence avec l'enfant normal.

rapport que nous avons déposé sur la question à la Ve Commission du Congrès de la Ligue de l'Enseignement, est très explicite sur ce point.

Les *indisciplinés*, qui, pour nous, ne sont que des idiots moraux, devraient être confiés aux mêmes personnes, sous le bénéfice d'une rigoureuse catégorisation.

Parmi les vagabonds, il y a une distinction à faire ; nous ne devons pas confondre les *vagabonds par accident* des *vagabonds par nature*. Les premiers ne sont pas des anormaux, il suffit de supprimer la cause de leur vagabondage pour en faire des enfants ordinaires ; quant aux seconds, ils sont des idiots moraux, et comme tels, des sujets tout indiqués pour les asiles-écoles.

Les contradictions relevées par M. le Dr Wahl s'expliquent par ce fait que le Congrès a eu le tort, suivant nous, de ne pas faire une distinction entre les aveugles et les sourds-muets d'une part, et les idiots et les arriérés de l'autre. En les englobant tous sous la rubrique générale d'enfants anormaux, la Commission du Congrès qui, comme nous l'avons déjà dit, ne comptait que des membres de l'enseignement, n'a voulu, malgré notre intervention, voir en eux que des *enfants à instruire* et non *des malades à soigner*. La discussion des rapports de la Commission devant le Congrès, proposée et expédiée en quelques minutes, en fin de séance, en l'absence du rapporteur et du secrétaire, n'a pu éclairer ni mettre au point la question. Nous avons pu, en lisant les procès-verbaux, constater avec regret combien l'assemblée générale des congressistes s'était montrée indifférente sur une question d'une aussi grave importance au point de vue humanitaire et social. Alors que nous aurions dû montrer la voie aux nations voisines, de longtemps encore nous leur serons inférieurs sur ce point, comme, hélas ! sur bien d'autres. Quand on se décidera, en France, à faire enfin quelque chose pour les arriérés, on en sera réduit à copier ce qui se fait depuis plusieurs années déjà dans les Pays scandinaves, en Angleterre, en Belgique, en Allemagne, aux Etats-Unis, etc.

J. BOYER,

Secrétaire de la Ve Commission
du Congrès de la Ligue de l'Enseignement ;
professeur à l'Institut médico-pédagogique,
Vitry-sur-Seine.

III

M. *Camailhac*, l'un de nos instituteurs à la section de Bicêtre avait été chargé par la Ligue de l'Enseignement, de faire à la V° Commission du Congrès, un rapport préalable sur une question ainsi formulée : *Éducation des enfants anormaux. — Moyens à employer pour assurer leur instruction primaire et professionnelle.*

Après avoir parlé des *aveugles* et des *sourds-muets*, il a exposé la question qui nous intéresse dans les termes suivants:

Idiots, arriérés, épileptiques. — La statistique des idiots et arriérés n'es t pas mieux établie que celle des aveugles et des sourds-muets. En se basant sur les états dressés par les conseils de revision MM. Couëtoux et Hamon du Fougeray évaluent leur nombre à 50 000 approximativement. Quelle est la situation de ces malheureux ? Quand ils sont réputés inoffensifs, ils restent dans les familles ; dans le cas contraire ils sont internés dans les asiles d'aliénés.

C'est que l'idiotie rentrant dans le cadre des maladies mentales tombe sous le coup de la loi du 30 juin 1838 sur les aliénés. Cette loi comprend, sous le nom générique d'aliénés, les idiots, les imbéciles, les crétins. Que le malade soit maniaque, mélancolique, paralytique général, dément ou idiot, il est aliéné de son esprit. Une telle assimilation est aujourd'hui condamnée par les travaux de Ferrus, Falret, Edouard Seguin, Bourneville, Legrain, etc. [1]. Il est prouvé que les enfants dégénérés sont non seulement susceptibles d'une éducation quelconque mais que cette éducation est fructueuse puisqu'elle permet de rendre à la vie commune un certain nombre de ces malades. Etant admis que l'on peut « transformer ces êtres inutiles et parfois dangereux en individus raisonnables et utiles à la société », examinons ce qu'on a fait en France pour atteindre ce but.

Le département de la Seine, toujours au premier rang lorsqu'il s'agit d'œuvres d'assistance et d'éducation, possède cinq établissements spéciaux (Bicêtre, la Salpêtrière, Vaucluse, Villejuif [2], Fondation Vallée) dans lesquels il hospitalise environ un millier d'enfants. En province, 15 établissements privés reçoivent quelques centaines d'enfants.

[1] Le rapporteur aurait pu rappeler le nom de Delasiauve, très connu encore à Bicêtre. Cette affirmation est trop absolue.   (B.).

[2] Le quartier consacré aux filles idiotes à Villejuif n'existe plus depuis *deux ans.*   (B.).

Dans les départements qui ne possèdent aucun établissement spécial les enfants idiots reconnus dangereux sont enfermés dans les asiles d'aliénés où ils n'ont à leur disposition aucun moyen d'instruction; les autres, les inoffensifs, sont la plupart du temps privés des soins les plus élémentaires que réclament leur état. C'est une faute dont les conséquences se font sentir chaque jour. Il est du devoir de l'Etat de prendre au plus tôt les mesures nécessaires pour améliorer cette situation. Il est vrai que l'on parle depuis longtemps de la revision de la loi du 30 juin 1838. Dans ses séances du 14 décembre 1886 et du 11 mars 1887 le Sénat adoptait un projet dont l'article 1er était ainsi conçu :

« Les aliénés réputés incurables, les épileptiques, les idiots et les crétins peuvent être admis dans les asiles d'aliénés tant qu'il n'a pas été pourvu à leur placement dans des maisons de refuge, des colonies ou des établissements appropriés spécialement à l'isolement et au traitement des épileptiques et à l'isolement ou à l'éducation des idiots et des crétins. »

Ce texte manquait de précision. Devant la Commission de la Chambre des députés chargée d'examiner le projet, M. Ernest Lafond fit prévaloir la rédaction suivante :

« Les asiles publics doivent comprendre deux quartiers annexes destinés au traitement, l'un des épileptiques, l'autre des idiots et des crétins. Les épileptiques, les idiots et les crétins continuent à être admis dans les asiles d'aliénés en attendant l'ouverture de quartiers spéciaux. Dans un délai de dix ans, les départements devront ouvrir des établissements spéciaux ou des sections spéciales destinées au traitement et à l'éducation des enfants idiots, imbéciles, arriérés, crétins, épileptiques ou paralytiques. Plusieurs départements pourront se réunir pour créer ces établissements ou sections. »

Comme pour les aveugles et les sourds-muets la question est encore pendante.

Conclusion. — Dans ces conditions nous croyons devoir soumettre à votre approbation les vœux suivants :

Vœux. — Le XXe Congrès de la *Ligue française de l'Enseignement*, réuni à Paris, émet le vœu :

Qu'une commission spéciale soit nommée par les ministres de l'Instruction publique et de l'Intérieur en vue de rechercher les moyens d'étendre l'instruction obligatoire aux anormaux et que cette commission soit composée, en majorité, de personnes s'occupant de cet enseignement spécial.

Et subsidiairement : 1o Que la loi du 28 mars 1882 soit appliquée aux aveugles et aux sourds-muets; 2o Que la loi du 30 juin 1838 sur les aliénés soit revisée dans le plus bref délai possible en adoptant l'obligation de l'assistance et de l'éducation des enfants idiots, arriérés, etc. ; 3o Qu'il soit fait un recensement spécial de tous les enfants anormaux ; 4° Qu'il soit créé, pour les recevoir, un certain nombre d'établissements régionaux au moyen d'un prélèvement opéré annuellement sur les fonds du pari mutuel ; 5° Que la direction et l'inspection de ces écoles soient réservées au personnel enseignant.

IV

L'auteur de ce rapport ne paraît pas s'être rendu un compte exact de ce qui a été fait dans le service même de Bicêtre, au sujet de l'hospitalisation, du traitement et de l'éducation des enfants anormaux de cette catégorie spéciale. Il ignore aussi notre rapport au Congrès national d'Assistance publique de Lyon, notre rapport à la Chambre des députés en 1889 et notre rapport au Conseil supérieur d'Assistance publique en 1891 sur le projet de revision de la loi du 30 juin 1838. S'il avait consulté ces documents, il aurait vu que dans le rapport de 1889 nous avions fait adopter un article ainsi conçu :

ARTICLE PREMIER. — Les établissements destinés au *traitement et à la garde des aliénés* sont de deux sortes : publics ou privés.

Les asiles publics doivent comprendre deux quartiers annexes destinés au traitement : l'un des épileptiques, l'autre des idiots et des crétins.

Les épileptiques, les idiots et les crétins continueront à être admis dans les asiles d'aliénés en attendant l'ouverture de quartiers spéciaux.

Dans un délai de dix ans, les départements devront ouvrir des établissements spéciaux ou des sections spéciales destinés au traitement et à l'éducation des ENFANTS IDIOTS, IMBÉCILES, ARRIÉRÉS, CRÉTINS, ÉPILEPTIQUES *ou* PARALYTIQUES. Plusieurs départements pourront se réunir pour créer ces établissements ou sections.

Il aurait vu aussi dans le second rapport que nous avions fait adopter par le Conseil supérieur de l'Assistance publique, un article analogue :

ARTICLE PREMIER. — Les établissements destinés au *traitement et à la garde des aliénés* sont de deux sortes : publics ou privés.

Les asiles publics doivent comprendre deux quartiers annexes destinés au traitement : l'un des épileptiques, l'autre des idiots et des crétins.

Les épileptiques, les idiots et les crétins continueront à être admis dans les asiles d'aliénés en attendant l'ouverture de quartiers spéciaux.

Dans un délai de dix ans, les départements devront ouvrir des établissements spéciaux ou des sections spéciales destinées au traitement et à l'éducation des ENFANTS IDIOTS, IMBÉCILES, ARRIÉRÉS, CRÉTINS, ÉPILEPTIQUES *ou* PARALYTIQUES. Plusieurs départements pourront se réunir pour créer ces établissements ou sections.

Il aurait été ainsi amené à écrire que M. Ernest Lafond n'avait fait que reproduire, en ce qui concerne les enfants idiots, épileptiques, etc., les conclusions de nos deux rapports. M. Lafont, d'ailleurs, le reconnait.

La première réforme à accomplir est celle que nous avons proposée, c'est-à-dire créer des *asiles-écoles* dans *tous* les départements, car il n'y en a pas un seul où il n'y ait pas au moins trois cents enfants des deux sexes pour lesquels s'impose impérieusement l'assistance, le traitement et l'éducation spéciale. Elle sera facilitée aussi par une seconde réforme qui s'impose la création de *classes spéciales* pour les enfants arriérés, c'est-à-dire les moins malades et dont le rapporteur ne dit pas un mot, dans toutes les villes, où ces créations sont possibles. C'est alors que la loi sur l'obligation de l'enseignement pourra être appliquée à cette catégorie d'enfants anormaux, la plus considérable.

L'auteur du rapport émet le vœu que la direction des établissements consacrés aux idiots, imbéciles, etc., soit confiée aux instituteurs. S'il avait parcouru les nombreuses observations contenues dans les comptes rendus du service de Bicêtre, mis à sa disposition chaque année, il aurait vu que *tous ces enfants* sont incontestablement des MALADES et que, par conséquent, c'est à des médecins qu'ils doivent être confiés. Les infirmières, les infirmiers, les institutrices, les instituteurs, sont eux, des auxiliaires. En ce qui concerne les *classes spéciales*, le rôle de ces derniers doit être plus étendu, mais là encore l'intervention du médecin est indispensable.

BOURNEVILLE.

ÉVREUX, IMPRIMERIE DE CHARLES HÉRISSEY